二十四式秘功易筋经

刘罡 著

北京体育大学出版社

策划编辑：吴海燕　王芳肖
责任编辑：张志富
责任校对：王泓滢
版式设计：高文函

图书在版编目（CIP）数据

二十四式秘功易筋经 / 刘罡著 . —— 北京 : 北京体
育大学出版社 , 2024.3
　　ISBN 978-7-5644-3876-0

　　Ⅰ . ①二… Ⅱ . ①刘… Ⅲ . ①易筋经 (古代体育) – 基
本知识 Ⅳ . ① G852.6

中国国家版本馆 CIP 数据核字 (2023) 第 163585 号

二十四式秘功易筋经
ERSHISISISHI MIGONG YIJINJING

刘罡　著

出版发行：	北京体育大学出版社
地　　址：	北京市海淀区农大南路 1 号院 2 号楼 2 层办公 B-212
邮　　编：	100084
网　　址：	http://cbs.bsu.edu.cn
发 行 部：	010-62989320
邮 购 部：	北京体育大学出版社读者服务部 010-62989432
印　　刷：	北京昌联印刷有限公司
开　　本：	710mm×1000mm　　1/16
成品尺寸：	170mm×240mm
印　　张：	11.75
字　　数：	187 千字
版　　次：	2024 年 3 月第 1 版
印　　次：	2024 年 3 月第 1 次印刷
定　　价：	39.00 元

（本书如有印刷质量问题，请与出版社联系调换）

　　少林二十四式易筋经，常被称为"武式易筋经"，相对于流传较广的"少林十二式易筋经"而言，其练法倍增，锻炼全面，运动量加大，强壮效果更加明显。此功内外相应，混元一体，练时要抖擞精神，贯力提劲，结合呼吸。此功富有韧性，动中有静，练时动作要缓，不要太快；定式后，稍停片刻。

　　道家二十四式易筋经，偏重养生，主练"绵劲"，动作徐缓，柔和连绵，舒适悠然。练时要求全身放松，不求大力，不用僵劲。此功讲究呼吸随动，内气随意，自然顺遂。练时不管呼吸，不必调息，而是注重动作，以动带息。如此由外及内，由浅入深，息从外动，相随相依，久练则形动气贯，内外混元，周身泰和。

目 录

第一章 少林二十四式易筋经

第二章 道家二十四式易筋经

第一章
少林二十四式
易筋经

　　易者，换也；筋者，筋脉也。易筋云者，比喻之辞也，盖言去其原来羸弱无用之筋，而易以坚强有用之筋也，亦即言练习此功之后，可以变易其筋骨，而使其坚强有用也。

　　一提少林易筋经，现今习武者多赞慕之至，该功法强筋壮骨，增力助劲，功效显著。只要勤加练习，既可增进技击功力，发劲强大，使敌难以抵挡；又可增强体质，提高免疫力。而少林二十四式易筋经更是其中珍品，世不多见。

第一式 韦陀献杵

【练法】

1. 两脚并步，正身站立；两手垂于体侧。目视前方。（图1-1）

2. 左脚向左横开一步，两脚间距约同肩宽。（图1-2）

❯ 图1-1

❯ 图1-2

3. 两掌缓缓向左右分开上抬，高与肩平，掌尖向外，掌心向下。（图1-3）

4. 两掌外旋上举，缓缓相合于头顶前上方，掌尖向上，两臂弯曲，肘尖向外下。（图1-4）

5. 重心移至右腿；左脚脚尖翘起，缓缓上提。定式后，静待数秒。（图1-5）

⚠ 图1-3

⚠ 图1-4

⚠ 图1-5

6. 左脚向内侧翻转，将脚尖绕到右腿膝弯处，脚背勾贴右腿膝弯。（图1-6）

7. 右腿缓缓屈膝下蹲；两掌下沉至胸前，掌尖约与颌平。定式后，静待数秒。（图1-7）

8. 放下左脚，开步站立，两脚间距约同肩宽；同时，放下两掌，垂于体侧。（图1-8）

❁ 图1-6

 图1-7

❁ 图1-8

9. 接练左式。（图略）

10. 并步垂手。（图1-9）

本功各式既可以反复练习，次数自定；也可以紧接下式，连续演练，遍数自定。

⊗ 图1-9

第二式 罗汉担山

【练法】

1. 左脚向左横开一步，两脚间距约同肩宽。目视前方。（图1-10）

2. 两膝缓缓弯曲，两掌随之下沉。目视前下方。（图1-11）

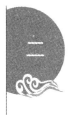

⊗ 图1-10

⊗ 图1-11

3. 两膝不动；两掌缓缓向左右分开上抬，高与肩平，掌尖向外，掌心向下。（图1-12）

⊗ 图1-12

4. 两膝缓缓挺直；两掌不动。（图1-13）

5. 两膝缓缓弯曲；两掌不动。（图1-14）

❰ 图1-13

❰ 图1-14

6. 两膝缓缓挺直；两掌不动。（图1-15）

7. 两膝缓缓弯曲；两掌向上直举，高过头顶，掌心相对，掌尖向上。（图1-16）

⤊ 图1-15

⤊ 图1-16

8. 两膝缓缓挺直；两掌不动。（图1-17）

以上动作可反复练习，两膝运劲，弯直变换，能舒筋健骨，增强腿力。

9. 两掌缓缓向外、向下落，两臂伸直，高约与肩平，掌心向上，掌尖向外。目视前方。（图1-18）

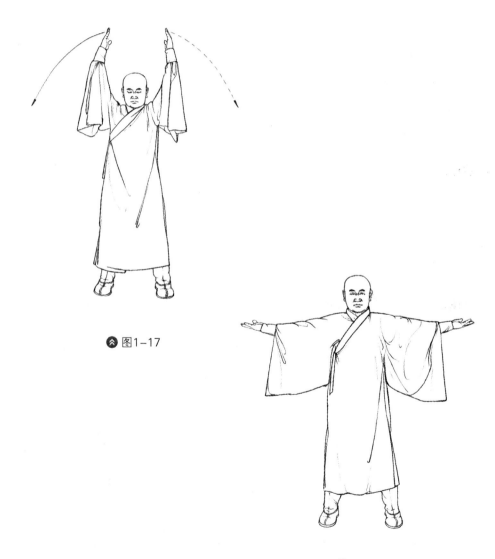

❀ 图1-17

❀ 图1-18

10. 上身向左下方缓缓拧旋。目视左下方。两掌顺势摆动助力,稍向下沉。定式后,静待数秒。（图1-19）

11. 上身向右下方缓缓拧旋。目视右下方。定式后,静待数秒。（图1-20）

❮ 图1-19

❮ 图1-20

12. 身体转正；右手稍提，掌心向上，约与胸平。目视前下方。（图1-21）

13. 两掌前旋，向下沉劲，掌心向下，约与肋平。（图1-22）

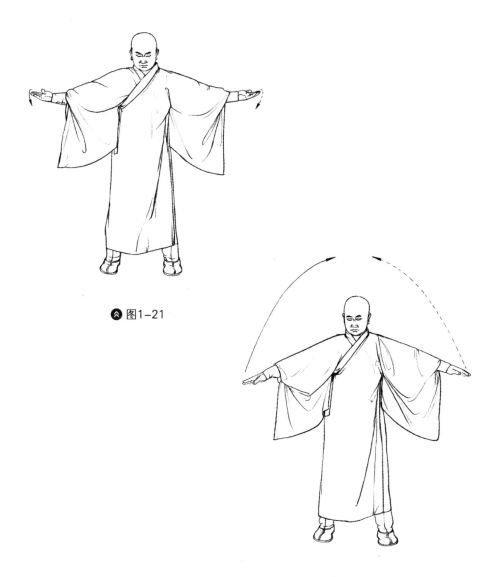

❖ 图1-21

❖ 图1-22

14. 两掌缓缓向上直举，高过头顶，掌心相对，掌尖向上。（图1-23）

15. 两掌缓缓下按至腹前，掌尖相对，掌心向下。（图1-24）

⌃ 图1-23

⌃ 图1-24

16. 两掌下落，垂于体侧。（图1-25）

17. 左脚内收，两脚并步，正身直立。（图1-26）

⊗ 图1-25

⊗ 图1-26

第三式　摩转日月

【练法】

1. 承接上式。左脚向左横开一步，两脚间距约同肩宽；同时，两掌缓缓向前平提，十指微分，掌心向下，两臂平行，高与肩平。（图1-27）

2. 两掌同时缓缓向左转约90°，腰背用力，两臂平伸，左掌在前，右掌在后。（图1-28）

3. 两掌缓缓收至胸前，两臂屈肘，肘尖向后，掌心向下；上体也随之转回。（图1-29）

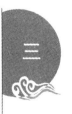

三

❯❯ 图1-27

❯❯ 图1-28

❯❯ 图1-29

4. 两掌同时向右转约90°，腰背用力，两臂平伸，右掌在前，左掌在后。（图1-30）

5. 两掌缓缓收回胸前，掌心向下；上体也随之转回。（图1-31）

☆ 图1-30

☆ 图1-31

6. 两臂伸直缓缓向右转约90°，两掌大致同高。（图1-32）

7. 两掌缓缓收至胸前，两臂屈肘，肘尖向后，掌心向下；上体也随之转回。（图1-33）

❀ 图1-32

❀ 图1-33

8. 两臂伸直，缓缓向左转约90°，两掌大致同高。
（图1-34）

9. 两掌缓缓收回胸前，掌心向下；上体也随之转回。
（图1-35）

❰ 图1-34

❰ 图1-35

10. 两臂屈肘回收，肘尖向后，掌心向下。（图1-36）

11. 两掌缓缓翻转，掌心向上。（图1-37）

❖ 图1-36

❖ 图1-37

12. 两掌缓缓下收，两肘后拉，抱于腰间，掌心向上。
（图1-38）

13. 两掌转腕，从腰间向后缓缓撑出，两臂靠肋，虎口相对，掌心向上。（图1-39）

⚠ 图1-38

（正面图）　　　　　（侧面图）

⚠ 图1-39

14. 两掌缓缓向上抬，掌心斜向前，掌尖斜向上，上身前俯，下颌前探。（图1-40）

15. 两掌分开，缓缓向下、向前直臂划弧，前伸至胸前，掌背相对，掌尖向前，虎口向下。（图1-41）

（正面图）　　　　　　（侧面图）

❯❯图1-40

（正面图）　　　　　　（侧面图）

❯❯图1-41

16. 两臂屈肘（高与肩平），两掌外旋缓缓收至胸前，掌心向内，掌尖下垂，斜向相对。（图1-42）

17. 两掌尖缓缓下沉外画，两腕用力勾屈，掌尖向下，虎口相对。（图1-43）

❯ 图1-42

❯ 图1-43

18. 两臂落肘，两腕缓缓挺起，两掌上撑，掌尖斜向上。随即，提肘垂腕。（图1-44、图1-45）

❖ 图1-44

❖ 图1-45

19. 两肘不动，用力缓缓提腕，掌尖相对。（图1—46）

20. 两掌缓缓外分，约与肩平，掌尖斜向外，两肘下落夹肋。（图1—47）

❯ 图1—46

❯ 图1—47

21. 两肘上提，高约与肩平，两掌缓缓内收，掌尖斜向下。（图1-48）

22. 两掌向左右缓缓分开，两臂伸直，掌心向前，掌尖向外。（图1-49）

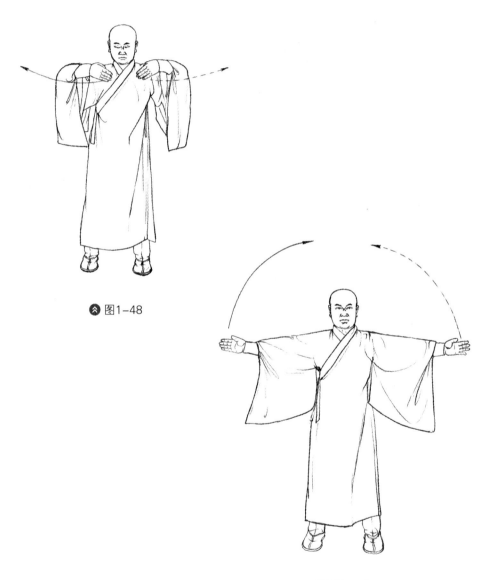

图1-48

图1-49

23. 两掌向上缓缓举于两肩上方，掌心相对，掌尖向上，两臂略有弧形。（图1-50）

24. 左脚内收，两脚并步，正身站立；同时，两掌缓缓下压至胸前，掌心向内，掌尖相对。（图1-51）

25. 两掌缓缓向外、向下落，垂于体侧。（图1-52）

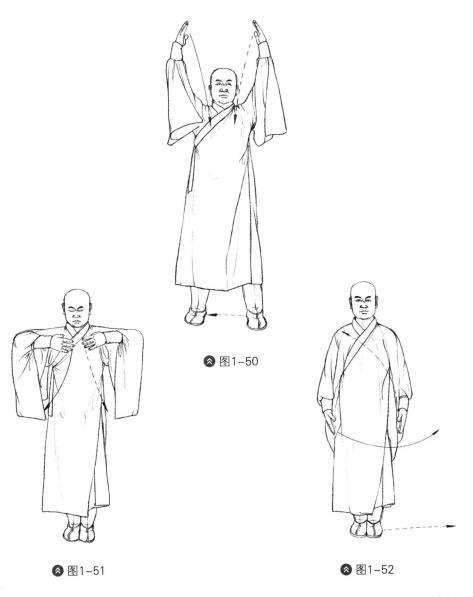

⊗ 图1-50

⊗ 图1-51

⊗ 图1-52

第四式　飞鸟旋云

【练法】

1. 承接上式。左脚向左横开一大步，重心移至右腿，略屈膝半蹲，成右高弓步；同时，左掌向右画至右肩前上方，掌尖斜向上；右掌向左画至左肋外侧，掌心向上，掌尖斜向左。目视右掌。（图1-53）

2. 上身向右倾斜，头向右肩上偏；同时，两掌向左右缓缓分开，右掌向右上方伸出，高过头顶，掌尖向上，掌心向左，右肘稍屈；左掌向左下方直臂伸出，约与胯平，掌心向下，掌尖向外。目视左侧。（图1-54）

❀ 图1-53

❀ 图1-54

3. 右腿伸膝立起，上身稍正；同时，左脚缓缓提起，脚尖斜向上。目视左脚。（图1-55）

4. 上身右转，左脚向右前方落步，屈膝前弓；同时，两掌向右前方下伸，掌尖向下，掌心相对，身体前倾。目视前下方。（图1-56）

5. 两掌缓缓向前上方提臂举起，掌心相对，掌尖向上；上身不变。（图1-57）

⚓ 图1-55

⚓ 图1-56

⚓ 图1-57

6. 右脚向前提起，随即踏出，屈膝前弓；同时，两掌下收至两肋前侧，肘尖后拉，掌心向上，掌尖斜向前；随即变勾手，伸臂勾挂至身体后外上方，高度过头，上半身向前、向下压。（图1-58、图1-59）

❖ 图1-58

❖ 图1-59

7. 向左缓缓转头。目视后上方。（图1–60）

8. 左脚前滑，身体抬起；两掌缓缓向前下画，相抱于腹前，右掌在下，掌心向上；左掌在上，掌心向下。（图1–61）

⊗ 图1–60

⊗ 图1–61

9. 左腿屈膝抬起，左小腿横于右膝前方，脚尖向前；同时，两掌缓缓外画，左右分开，右掌屈肘上提，约与头平，掌尖斜向左；左掌后画，掌心向左，掌尖向下，约与胯平。目视左下方。（图1-62）

10. 左脚向左侧落步，重心左移，成左高弓步；同时，右掌向左画至左肩前上方，掌尖斜向上；左掌向右画至右肋外侧，掌心向上，掌尖斜向右。（图1-63）

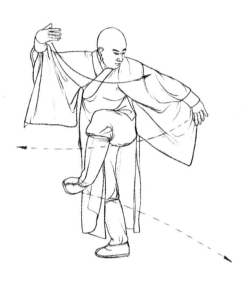

❖ 图1-62

❖ 图1-63

11. 接做左式。（图略）

12. 并步垂手，身体回正。（图1-64）

△ 图1-64

第五式　摘星换斗

【练法】

1. 承接上式。左脚向左横开一步，两脚间距约同肩宽；同时，两掌缓缓上提至腹前，掌心向上，掌尖相对。目视前下方。（图1-65）

2. 腰脊用力向右转动身体；同时，左掌缓缓由下向右上方弧形穿起，手臂伸开，掌心向上，掌尖向右，约与肩平。目视左掌。定式后，静待数秒。（图1-66）

五

☆ 图1-65

☆ 图1-66

　　3. 左掌撤回至左腹侧，上体左转；右掌缓缓向左上方弧形穿起，手臂伸开，掌心向上，掌尖向左，约与肩平。目视右掌。定式后，静待数秒。（图1-67）

（正面图）　　　　　　　（侧面图）

☆ 图1-67

4. 上体转正，右掌缓缓收至右腹侧，两掌心向上，掌尖相对。目视前下方。（图1-68）

☆ 图1-68

5. 向右转身，右掌缓缓向右上方弧形穿起，掌心向上，掌尖向外，约与肩平。目视右掌。（图1-69）

6. 右掌缓缓内旋上提，使右腕挺起。（图1-70）

7. 右手五指缓缓下沉，顺势捏成勾手，勾尖向下，勾顶约与鼻齐。定式后，静待数秒。（图1-71）

⊗ 图1-69

⊗ 图1-70

⊗ 图1-71

8. 右勾外旋，手指向前伸开，掌心向上，右腕向下沉劲，约与肩平。（图1-72）

9. 右掌收至右腹侧，掌尖相对；上身转正。目视前下方。（图1-73）

❯ 图1-72

❯ 图1-73

10. 接做左式。（图略）

11. 缓缓放下两掌，垂于体侧；同时，左脚内收，两脚并步，正身直立。（图1-74）

❮ 图1-74

第六式　通背转腰

【练法】

1. 承接上式。左脚向左横开一步，两脚间距宽于两肩。目视前方。（图1-75）

2. 两腿屈蹲，成高马步；同时，两掌缓缓上提，抱于上腹，两臂成半弧状，掌心向内，掌尖相对。（图1-76）

❀ 图1-75

❀ 图1-76

3. 两掌抱球缓缓转至右侧；然后缓缓转至左侧。（图1-77、图1-78）

❖ 图1-77

❖ 图1-78

4. 抱掌不动，由左向右缓缓转动腰胯。（图1-79、图1-80）

左右缓缓转动腰脊12次。转动身体时，上身要保持中正，不偏斜，头部要虚领顶劲。先两掌抱球转，继而腰脊带动臀部转。

⊗ 图1-79

⊗ 图1-80

5. 向右转完后，回到正面。然后由右向左，缓缓转动腰胯。（图1-81、图1-82）

❀ 图1-81

❀ 图1-82

6. 向左转毕，身体回正，两腿立起；两掌缓缓垂于体侧。目视前方。（图1–83）

7. 左脚内收，两脚并步，正身站立。（图1–84）

❯ 图1–83

❯ 图1–84

第七式　九鬼拔刀

【功效】

1. 承接上式。左脚向左横开一步，两脚间距约同肩宽。（图1-85）

2. 两掌缓缓向前伸臂抬起，掌心向下，掌尖向前，高与肩平。定式后稍停。（图1-86）

❀图1-85

❀图1-86

3. 两掌缓缓外展，斜向上举，高过头顶，使掌心斜向外，掌尖斜向上。定式后稍停。（图1-87）

4. 两掌缓缓下落，左掌直臂垂于体侧；右掌直臂伸向前方，高与肩平，掌心向下，掌尖向前。定式后稍停。（图1-88）

❀ 图1-87

❀ 图1-88

○ **43** ○

5. 右臂后屈，掌心贴按于脑后；同时，左手后提，掌背贴住背脊。定式后，深呼吸6至12次。（图1-89）

6. 两手不动；身体缓缓向左下方转身。目视左侧后下方。定式后稍停。（图1-90）

（正面图）　　　　（背面图）

 图1-89

 图1-90

7. 身体缓缓转正。（图1-91）

8. 两手不动；身体缓缓向右下方转身。目视右侧后下方。定式后稍停。（图1-92）

9. 身体转正，两掌向左右直臂平伸，掌心向下，掌尖向外。（图1-93）

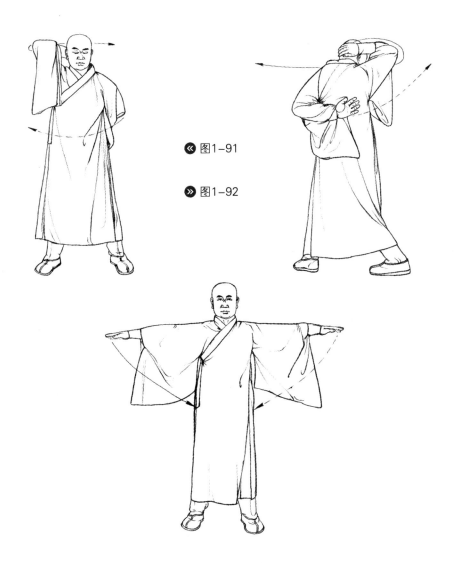

《 图1-91

》 图1-92

❖ 图1-93

10. 放下两掌，垂于体侧。（图1-94）

11. 调匀呼吸，再练左式。（图略）

12. 左脚内收，正身直立。（图1-95）

❀ 图1-94

❀ 图1-95

第八式 倒拽走牛

【练法】

1. 承接上式，左脚向左横开一大步，两脚间距约为肩宽的1.5倍。（图1-96）

⊹ 图1-96

2. 两掌缓缓向内、向上提，至两肩前，掌尖斜向前，掌心向上。（图1-97）

3. 两掌缓缓转腕，伸臂向外撑举，高过头顶，掌心斜向外，掌尖斜向上。目视左掌。定式后，静待数秒。（图1-98）

图1-97

图1-98

4. 两掌握拳（空心拳）向内缓缓下压，置于额角，拳心向下，拳眼向后，拳面相对。目视前下方。（图1-99）

5. 左脚稍向左移，两腿随即蹲成马步；同时，两拳向下直臂栽伸，置于两腿内侧，拳面斜向下，拳眼斜相对。定式后，静待数秒。（图1-100）

❯ 图1-99

❯ 图1-100

6. 两拳缓缓上提，向左右推展开来，两臂伸直，掌尖斜向上，掌心向外，掌根与肩平。定式后，静待数秒。（图1-101）

7. 身体右转，两脚摆扣，成右弓步；同时，两掌推按，右掌顺势稍向右转，腕稍向下沉劲；左掌缓缓下按，掌心向下，掌尖向后。（图1-102）

❄ 图1-101

❄ 图1-102

8. 右掌握拳下画，置于左胸前侧，拳面向上；左掌握拳向右环臂上画，高与肩平，拳面向右，拳心向下。（图1-103）

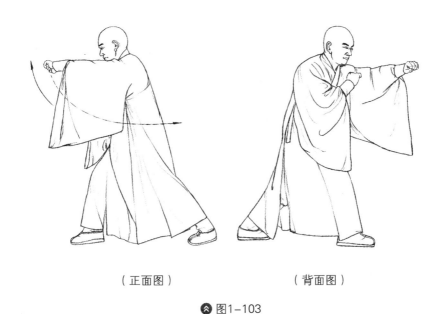

（正面图）　　　　（背面图）

⋀ 图1-103

9. 两拳前后分开，右拳向右上方掏起，右臂弯曲，拳背向前，拳面向上，约与眼平；左拳向左下方摆伸，左臂伸直，拳背向下，拳面向后，约与胯平。定式后，静待数秒。（图1-104）

10. 上身缓缓向下俯压，使胸部贴近右膝；右拳随之下沉，左拳随之上扬。（图1-105）

11. 缓缓仰起上身，努力后折，两臂保持不动。定式后，保持约30秒。（注意，保持定式时间与向后折身幅度，习练者请自行把握，不要过于勉强，以免过累或受伤。）（图1-106）

❰ 图1-104

❰ 图1-105

❰ 图1-106

12. 向左转体，两腿由右弓步变成正马步；同时，两拳变掌，缓缓向左右推展开来，掌尖向上，掌根与肩平。（图1-107）

13. 身体立起；同时，两掌向上、向内下压，至两肩前，掌尖相对，掌心向下。（图1-108）

14. 左脚内收，两脚并步，正身站立；两掌顺势按下，垂于体侧。（图1-109）

15. 接做左式。（图略）

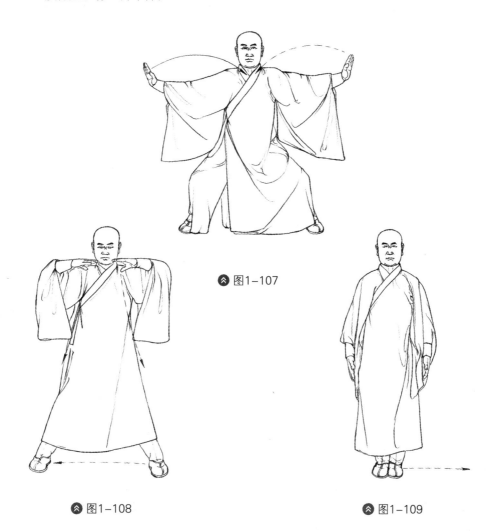

⊗ 图1-107

⊗ 图1-108

⊗ 图1-109

第九式　猛虎扑食

【练法】

1. 承接上式。左脚向左侧横开一步，两脚间距约为两肩宽度的1.5倍。（图1-110）

2. 缓缓向右转体，两脚摆扣，左腿蹬伸，右腿屈膝，成右弓步。（图1-111）

3. 两掌缓缓向前屈肘上提，屈指握成空心拳，停于两耳前下方，拳心向前，拳眼向内；两膝稍立起。（图1-112）

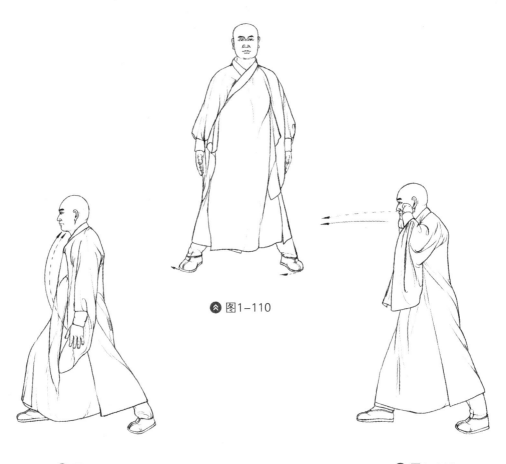

❀ 图1-110

❀ 图1-111　　　　　　　　　　　　　❀ 图1-112

4. 两拳变虎爪，向前缓缓推出，两臂伸直，高与肩平；两腿向下沉劲。（图1-113）

5. 弯腰俯身贴近右腿；两手十指向下按在地上。（图1-114）

6. 缓缓抬头，挺直背部。目视前方。定式后，静待数秒。（图1-115）

❯ 图1-113

❯ 图1-114

❯ 图1-115

7. 向左、向右缓缓转头。（图1-116、图1-117）

8. 缓缓起身，两掌成爪，随之屈臂提至肩前，手心向前，虎口相对。（图1-118）

图1-116　　　　　　　　　　　　图1-117

图1-118

9. 两爪随即向前推出，手臂向前伸开，肌肉紧绷，身体向前倾；同时，口发"嗨"声。定式后，静待数秒。（图1-119）

10. 上身稍撤，弓步稍起；两爪随之缓缓左右分开，约同肩高，虎口向前，手心向下，肘腕稍屈。目视前下方。（图1-120）

◈ 图1-119

◈ 图1-120

11. 上体左转，面向正前方，两脚摆扣，成高马步；两爪变掌，缓缓内收，屈肘竖臂，肘尖下垂，掌心向前，掌尖向上，约与耳平。（图1-121）

12. 两腿伸直，成大开步；两掌下落，垂于体侧。（图1-122）

13. 接做左式。（图略）

14. 左脚内收，正身站立。（图1-123）

❄图1-121

❄图1-122

❄图1-123

第十式　雄狮滚球

【练法】

1. 承接上式。左脚向左横开一步，两脚间距略宽于两肩；同时，两掌缓缓抬起，在胸前环臂抱球，虎口向上。（图1-124）

2. 上体缓缓下俯；两手保持抱球，随俯身落至小腿前。（图1-125）

⊗ 图1-124

⊗ 图1-125

　　3. 以腰胯为轴，身体缓缓向左、向上、向右旋转；两手顺势随之，在头顶上方翻转而使手心向上，回到右侧再成抱球，最后落至小腿前，完成一次绕环（逆时针）。（图1-126至图1-131）

❀ 图1-126

❀ 图1-127

❀ 图1-128

图1-129

图1-130

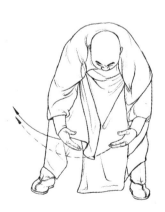

图1-131

4. 继练向右旋转（顺时针）一周。（图1-132至图1-137）

❯ 图1-132

❯ 图1-133   ❯ 图1-134

⊛ 图1-135

⊛ 图1-136

⊛ 图1-137

5. 按上述动作，左右各旋转12遍。然后，立起上身，两掌仍抱球提至腹前。（图1-138）

6. 左脚内收，两脚并步，正身直立；两掌放下，垂于体侧。（图1-139）

❈ 图1-138

❈ 图1-139

第十一式 只手托天

【练法】

1. 承接上式。左脚向左横开一步，两脚间距略宽于两肩。（图1-140）

2. 低头弯腰，向前俯身，两腿下蹲成马步；同时交叉两臂，右臂在上，左臂在下，两掌分别按于两膝。（图1-141）

3. 左掌抽出，缓缓前推，约与胸平，掌尖向右，掌心向前。（图1-142）

◈ 图1-140

◈ 图1-141

◈ 图1-142

4. 左臂向左、向上划弧举撑，抬头挺胸，左臂伸直，掌心向上，掌尖向右；右掌顺势上移按于左大腿。定式后，左掌上撑，不要松劲，保持片刻。（图1-143）

5. 左掌向右下落，按于右膝；同时，弯腰俯身，右掌顺势前移，按于左膝。（图1-144）

6. 接做右式。（图1-145、图1-146）

❖ 图1-143

❖ 图1-144

⊗ 图1-145

⊗ 图1-146

7. 按上述动作，左右各做6遍，然后立起身体，两掌垂于体侧。（图1–147）

8. 左脚内收，两脚并步，正身直立。（图1–148）

❯ 图1–147

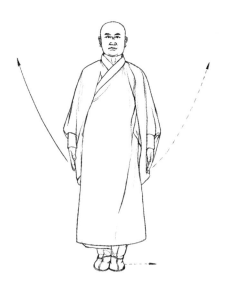

❯ 图1–148

第十二式　打躬掉尾

【练法】

1. 承接上式。左脚向左横开半步，两脚间距与肩同宽；同时，两掌缓缓向左右分开，高与肩平，掌尖向外，掌心向下，两臂伸直。（图1-149）

2. 两掌缓缓上举过顶，两臂微屈，掌尖向上，掌心向前。（图1-150）

❁ 图1-149

❁ 图1-150

3. 两掌缓缓向前、向下直臂划落，按于两膝；上身前俯，两膝微屈。（图1-151）

4. 两腿屈膝稍蹲，两脚尖外摆；同时，上身前俯，两掌根缓缓外移，肘尖顺势外撑。目视前下方。（图1-152）

5. 两掌沿小腿下落，按住两脚；同时，深蹲下沉，俯身低头。（图1-153）

图1-151

图1-152

图1-153

6. 深蹲不动，抬头前视。（图1-154）

7. 头部左转，下颌旋至左肩，目视左后方。（图1-155）

8. 头部右转，下颌旋至右肩，目视右后方。（图1-156）

9. 头部回转向前，低头下视。（图1-157）

❁ 图1-154

❁ 图1-155

❁ 图1-156

❁ 图1-157

10. 臀部缓缓向后抬起，两膝伸直，躬身俯腰；两掌仍按于脚上，掌尖转向前。保持姿势，默数6至36个数。（图1-158）

11. 缓缓上移两掌，按住两膝；保持姿势，调息数次。（图1-159）

12. 上移手臂，立起身体；两掌垂于体侧。（图1-160）

❖ 图1-158

❖ 图1-159

❖ 图1-160

13. 左脚内收，两脚并步，正身直立。（图1-161）

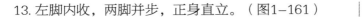 图1-161

第十三式　童子拜佛

【练法】

1. 承接上式。左脚向左横跨一步，两脚间距比肩稍宽；同时，两掌由体侧向头顶上方弧形抬举，两掌尖相接，掌心斜向下。目视前方。（图1-162）

2. 两掌下落至胸前，掌尖仍然相接，约与下颌相平；同时，左腿右收，把左小腿外侧搁于右膝之上，膝头向左；右腿缓缓下蹲。保持定式，初练者坚持约1分钟（逐渐增加时间，但不宜一次过累）。（图1-163）

3. 两掌（相接）缓缓上举至头顶正上方；同时，右腿伸直独立，左腿屈膝提起。保持定式，初练者坚持约1分钟。（图1-164）

❯ 图1-162

❯ 图1-163

❯ 图1-164

4. 左膝缓缓外摆约90°，稍停片刻。（图1-165）

5. 两掌缓缓分开，向两侧下落，与肩相平，掌心向下，掌尖向外；下盘不变，头向右转。目视右掌。（图1-166）

⊗ 图1-165

⊗ 图1-166

○ **75** ○

6. 两掌缓缓用暗劲旋转，使掌心向上。（图1-167）

7. 左脚落地，开步站立；两掌落下，垂于体侧。（图1-168）

8. 接着练习右式。（图略）

9. 左脚内收，两脚并步；正身站立，两手侧垂于体侧。（图1-169）

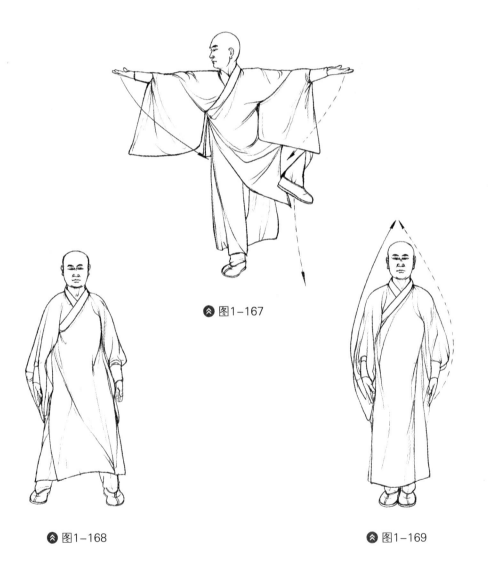

⊗ 图1-167

⊗ 图1-168   ⊗ 图1-169

第十四式　拜求真经

【练法】

1. 承接上式。两掌自体侧缓缓弧形上举，至头顶正上方合十，两臂成半弧状；同时，两腿屈膝下蹲。目视前方。（图1-170）

2. 两掌下降至胸前；同时，臀部下沉，两腿屈膝深蹲。目视前下方。（图1-171）

3. 左脚向左侧伸出，成左仆步；右腿保持深蹲。（图1-172）

❮❮ 图1-170

❮❮ 图1-171

❮❮ 图1-172

4. 右膝向前跪地，臀部坐在右脚跟上；同时，两掌缓缓上举于头顶正上方。目视前方。（图1-173）

5. 两掌缓缓分开，下落展臂，与肩相平，掌心向下，掌尖向外。（图1-174）

❮❮ 图1-173

❮❮ 图1-174

6. 左手下落握住左脚，身体向左侧倾；同时，右掌向上、向左划弧，伸展于左腕上侧，虎口向下，掌尖向右。目视左下方。保持拉伸，坚持数秒。（图1–175）

7. 上体立起，两掌上举，合十于头顶上方；同时，成右仆步，重心移向左腿，左腿屈膝深蹲。目视前方。（图1–176）

8. 接做右式。（图略）

❖ 图1–175

❖ 图1–176

9. 身体立起，右脚内收，开步直立；同时，两掌向外弧形下落，垂于体侧。（图1-177）

10. 左脚内收，两脚并步。（图1-178）

⊗ 图1-177

⊗ 图1-178

第十五式　金刚独立

十五

【练法】

1. 承接上式。右腿独立，左腿屈膝上提；同时，右手抱于左膝下部，左手抱于左脚踝。（图1-179）

2. 两手缓缓将左膝上提，至左胸前。目视前下方。定式后稍停。（图1-180）

3. 左膝缓缓向前下方落；右手放开，斜伸于右侧；同时，左手抓住左脚，向左后方提起。（图1-181）

⊗ 图1-179

⊗ 图1-180

⊗ 图1-181

4. 右手也伸向身后，两手一起握住左脚，缓缓向后上方搬；同时，上体前俯，尽量昂首。定式后，稍停。（图1-182）

5. 左脚落地，大开步直立；两手垂于体侧。（图1-183）

6. 接练右式。（图略）

（正面图）　　　　　　（背面图）

⊗ 图1-182

⊗ 图1-183

第十六式　金狮回首

【练法】

1. 承接上式。左脚稍向右收；同时，左掌向右上方斜推，至右肩前，掌尖向上，掌心向右；右掌后伸，掌背贴于后腰，掌心向后，虎口向上，掌尖向左。目视前方。（图1-184）

2. 左掌外旋，使掌尖斜向右上方；同时，头部右转。目视右前方。（图1-185）

⚑ 图1-184

⚑ 图1-185

3. 上身以腰为轴，缓缓向右后方转，两脚尖亦随之右转，直至不能再转。定式后，稍停。（图1-186）

4. 两脚复位，上身还原，两手下落，垂于体侧。（图1-187）

5. 接着练习左转式。（图略）

❯ 图1-186

❯ 图1-187

第十七式 韦陀擎天

【练法】

1. 承接上式。两掌由身侧缓缓向上划弧,提至胸前,掌尖相对,掌心向下,肘臂与肩平,两肘外张,下颌内收。目视掌尖。(图1-188)

2. 左脚稍开,两腿仍然伸直,低头俯身;同时,两掌缓缓向前平伸,掌心向下,掌尖向前。目视地面。(图1-189)

❯ 图1-188

❯ 图1-189

3. 头部慢慢抬起，挺颈前视；其余姿势不变。稍停片刻。（图1-190）

4. 上身直立，挺胸仰面。目视上方。同时，两掌自左右两侧分开，掌心向下，掌尖向外，稍低于肩。（图1-191）

❖ 图1-190

❖ 图1-191

5. 两掌上举，至头顶正上方，使掌尖相抵，掌心向上，身体尽量抻拔。稍停片刻。（图1-192）

6. 头颈回正；两掌外分下落，垂于体侧。（图1-193）

❯ 图1-192

❯ 图1-193

第十八式　力士开弓

【练法】

1. 承接上式。左脚稍向外移；右手握拳，与左掌自体侧同时缓缓上举，于头顶上方以左手抓握右腕。（图1-194）

2. 上体左转约90°，成左弓步；同时，右拳变掌架于头顶上方，虎口向下，掌尖向左；左掌变拳缓缓向左下方落，拳眼向上，拳面向左。目视左拳。（图1-195）

图1-194

图1-195

3. 右掌向左下方画，握住左腕，以意用力，暗劲上拉；同时，上身向左侧倾。右手与左腕上下争劲。保持姿势数秒。（图1-196）

4. 左脚内扣，两腿伸直，以大开步站立；右手握左腕拉伸于头顶上方。仰面，目视上方。（图1-197）

5. 接做右式。（图略）

❖ 图1-196

❖ 图1-197

6. 两手松开下落，垂于体侧；同时，左脚内收，两脚并步，正身站立，全身放松，呼吸自然。目视前方。（图1–198）

⚜ 图1–198

第十九式　通臂摇转

【练法】

1. 承接上式。左足向左横开一大步，直膝站立。（图1–199）

2. 上体右转，向前下方俯身，左掌缓缓向右下方插，抓按右脚；右掌后收，掌背紧贴后腰，虎口向上；两腿挺直，左脚稍内扣。（图1–200）

3. 上身立起，向左转身；同时，左掌向左上方缓缓划弧，左臂伸直，掌心向上，掌尖向左，约与鼻平。目视左掌。（图1–201）

❖ 图1-199

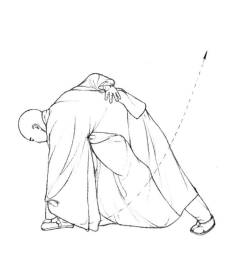

❖ 图1-200

❖ 图1-201

4. 左掌缓缓向后划弧，身体后仰配合。（图1-202）

5. 继续仰身划弧，此时左掌心依然向上。（图1-203）

❯❯ 图1-202

❯❯ 图1-203

6. 上身右倾，左脚稍内扣；左掌从后向右划弧至右前方，掌心翻转向下，掌尖向右。（图1-204）

7. 左掌翻转，掌心向上，掌尖向右，约与嘴平。（图1-205）

❯ 图1-204

❯ 图1-205

8. 上身向左转，左掌向下划至左侧，掌心向下，约与胯平；同时，右掌向右下方伸出，约与腰平，虎口向上。目视右掌。（图1-206）

9. 接做左式。（图略）

10. 立身收脚，并步站立；两掌下落，垂于体侧。（图1-207）

⊗ 图1-206

⊗ 图1-207

第二十式　白虎戏尾

【练法】

1. 承接上式。左脚向左横开一大步，直膝站立。目视前方。（图1-208）

2. 左脚向右大腿前侧上举，右腿独立站稳；右手接抱左脚上提，左手抱住左膝助力。（图1-209）

二十

❖ 图1-208

❖ 图1-209

3. 左脚向前上方缓缓蹬出，两手抱腿配合。左腿微屈，保持平衡。（图1-210）

4. 右手松开；左脚下落内收，屈膝提起。两手抱住左膝，稍停片刻。（图1-211）

（正面图）

（侧面图）

⊗ 图1-210

⊗ 图1-211

5. 接练右式。（图略）

6. 两掌松开，垂于体侧；同时，左脚落地成开步站立。（图1-212）

⊗ 图1-212

第二十一式　青龙盘石

【练法】

1. 承接上式。身体向左转约180°，臀部下坐，成坐盘式；同时，右掌向前按于左脚掌内侧；左掌向后，掌背贴于后腰。目视右掌。（图1-213）

2. 转身起立；两掌还原。（图1-214）

3. 接做右式。（图略）

（正面图）　　　　　　　（背面图）

图1-213

图1-214

第二十二式　碧海摇帆

【练法】

1. 承接上式。左脚外移，两腿大开，宽度超过两肩，直膝站立。（图1-215）

2. 两掌从体侧缓缓向外、向上、向内、向下划弧运劲，按于两膝后上部；同时，两腿屈膝下蹲，成马步。定式后，站桩片刻，增强腿力。（图1-216）

⌃ 图1-215　　　　　　　　　　　⌃ 图1-216

3. 两腿伸直，上体前俯，头部下探至极限，头顶向下；同时，两掌上提后伸，右掌在里，掌背贴腰；左掌在外，掌背压住右掌心。目视后下方。（图1-217）

4. 上身仰起，向后屈折；两掌相贴收紧助力。目视后上方。（图1-218）

5. 按上述动作，反复练习数遍，然后稍收两脚，直膝站稳；两掌垂于体侧。（图1-219）

❯ 图1-217

❯ 图1-218

❯ 图1-219

6. 左脚内收，两脚并步，正身直立。（图1-220）

✖ 图1-220

第二十三式　开弓射雕

二十三

【练法】

1. 承接上式。右脚向右侧横开一步，上体左转，左脚尖外展，成左半马步；同时，左手握拳缓缓向左上方伸出，拳眼向上，拳面向左；右手握拳屈肘上提，置于右肩之前，拳眼向上，拳面向左。目视左拳。（图1-221）

2. 身体右转，两脚摆扣，成右弓步；同时，左拳缓缓向右直臂摆动，与肩同高，拳眼向上，拳面向右；右肘顺势后拉。目视左拳。（图1-222）

3. 头部缓缓用力向右后方转；同时，右肘充分后顶，保持拉紧状态，坚持数秒。（图1-223）

❯ 图1-221

❯ 图1-222

❯ 图1-223

4. 接着，向左转体，练习左转开弓。（图略）

5. 身体转正，两脚略向内收，开步直膝站立；两拳变掌，垂于体侧。（图1-224）

6. 左脚内收，并步正立。（图1-225）

❯ 图1-224

❯ 图1-225

第二十四式 乾坤收定

为了方便动作展示，本式均用背身图。

【练法】

1. 承接上式。左脚向左横跨一步，两脚间距略宽于肩；同时，两手上提后伸，右手握左腕，手背贴于后腰；左手成拳，拳心向后。（图1-226）

2. 缓缓向右下方转头伸颈。目视右下方。同时，右手向右上方拉提左腕。保持力度，坚持一会。（图1-227）

3. 松劲，还原。（图1-228）

图1-226

图1-227

图1-228

4. 缓缓向左下方转头伸颈。目视左下方。同时，左腕向左上方反拽右手。保持力度，坚持一会。（图1-229）

5. 按上述动作，左右各练数遍，然后松开两手，垂于体侧；头颈转正，挺膝直立。（图1-230）

6. 最后，左脚内收，两脚并步，正身站立，本功收式。（图1-231）

❖ 图1-229

❖ 图1-230

❖ 图1-231

第二章
道家二十四式
易筋经

在现代武林人的心目中，因受武侠小说、武打电影及武术传说等诸多因素影响，一说起易筋经，大多誉之为"少林秘传""少林绝学"。易筋经确实以少林派练法为多，影响最大。但是，易筋经也非少林一家独有，如武当、峨眉以及一些民间拳派，都有易筋经在传习，争奇斗艳，不乏精功。而且，近期一些武术学者经过研究还提出，易筋经最早有可能出自道家，由少林派汲取、优化、发扬，而后来居上。今笔者提此，主要想给同道提出一个研究的方向，至于其真实源流，本书不作细究。

道家易筋经属于内家功，与少林易筋经之外家功注重

"强筋壮骨，增气长力"有所不同，而是以"舒筋益气，养生保健"为要则，所以常被称为"文式易筋经"。练之可调畅气血，通经活络；柔体松身，灵利肢节；活泼精神，驱除疲劳；温补真元，防病延年，有易筋换骨之妙。道家易筋经流传不多，笔者参照相关资料，整理出来，以利大众习练。

第一式　灵官献鞭

【练法】

1. 两脚开步，与肩同宽，正身站立；收摄心神，准备练功。目视前方。（图2-1）

2. 两掌自左右两侧上举，合掌于头顶上方，掌尖向上。仰面，目视上方。（图2-2）

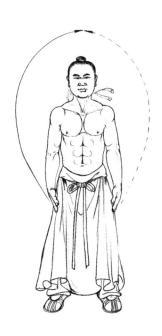

⊗ 图2-1

⊗ 图2-2

　　3. 屈臂，两掌下收于胸前，掌尖向上，肘尖向外；左腿屈膝下蹲，右脚轻扣于左小腿后侧。目视前方。（图2-3）

　　4. 右脚向右侧落步，伸腿立身；两掌分开下落，垂于体侧。目视前方。（图2-4）

❈图2-3

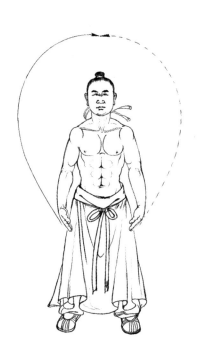

❈图2-4

5. 两掌自左右两侧上举，合掌于头顶上方，掌尖向上。仰面，目视上方。（图2-5）

6. 屈臂，两掌下收于胸前，掌尖向上，肘尖向外；右腿屈膝下蹲，左脚轻扣于右小腿后侧。（图2-6）

❯ 图2-5

❯ 图2-6

7. 左脚向左侧落步，伸腿立身；两掌分开下落，垂于体侧。目视前方。（图2-7）

8. 两掌自左右两侧上举，合掌于头顶上方，掌尖向上。仰面，目视上方。（图2-8）

❖ 图2-7

❖ 图2-8

9. 屈臂，两掌下收于胸前，掌尖向上，肘尖向外；左脚略向外移，两腿屈膝，蹲成正马步。（图2-9）

10. 两脚略向内收，伸腿立身；两掌下落，至丹田（小腹）外旋，掌根分开，掌尖相对，掌心向上。目视前方。（图2-10）

11. 放下两掌，垂于体侧；全身放松，调匀呼吸。（图2-11）

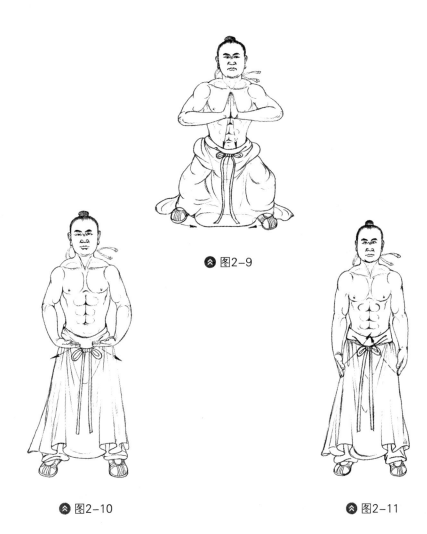

❰ 图2-9

❰ 图2-10

❰ 图2-11

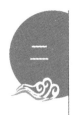

第二式　横担金鞭

【练法】

1. 承接上式。两掌收抱于丹田，右掌贴腹，左掌贴按右掌背。（图2-12）

2. 两臂上提至胸前，十字交叉，左臂在内，右臂在外；两掌成单指掌，掌尖斜向上，掌心向里。（图2-13）

❖ 图2-12

❖ 图2-13

3. 两掌向上、向外划弧分开，掌心斜向上，两食指尖斜相对。仰面，目视上方。（图2-14）

4. 两手继续向外展臂，掌根平肩，坐腕立掌下落，食指尖向上，含颌正颈。目视前方。（图2-15）

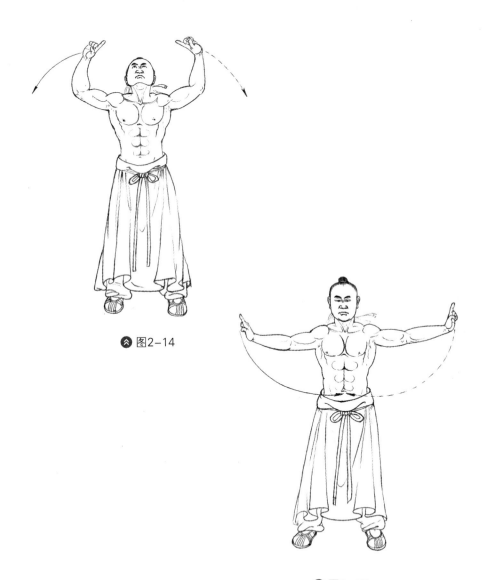

❖ 图2-14

❖ 图2-15

5. 两掌下收，抱于丹田前，右掌在内，左掌在外。
（图2-16）

6. 两掌松开，垂于体侧。（图2-17）

⊗ 图2-16

⊗ 图2-17

第三式　掌托天门

【练法】

1. 承接上式。两掌自左右两侧向头顶上方托起，掌心向上，掌尖相对，两臂略成弧形。仰面，目视上方。（图2-18）

2. 两掌根旋向前方，使掌尖向后，虎口相对，保持上托不变。（图2-19）

三

⌃ 图2-18

⌃ 图2-19

3. 两掌尖内旋相对，使掌根向外。（图2-20）

4. 两掌向外分开下落，屈肘立掌，掌尖向上，掌心相对（似抱大球），上臂平肩；头部逐渐回正。（图2-21）

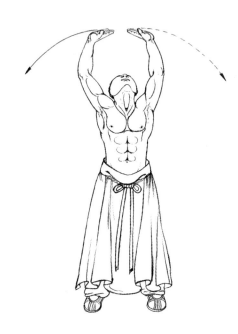

❂ 图2-20

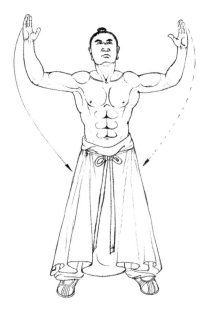

❂ 图2-21

5. 两掌向左右分开下落，垂于体侧。（图2-22）

 图2-22

第四式　换斗摘星

【练法】

1. 承接上式。左掌上提至左腰后侧，掌心向下，掌尖向前；右掌向前、向左划弧，环臂于左肩前上方，掌尖向左，掌心向前，虎口向下。（图2-23）

2. 右掌上移，经额前向右划弧，收掌于右腋前，掌心向上，掌尖向前；左掌向左转臂旋掌，向上划弧，至左上方。（图2-24）

3. 左掌经头顶上方向右下方落，按于右掌之上，两掌心相贴（左掌尖向后，右掌尖向前），左肘尖平胸向前。（图2-25）

四

图2-23

图2-24

图2-25

4. 右掌向前上方转，托架于头顶上方，臂成环状，掌心向前，掌尖向左；左掌经腹前下压于左胯外侧，力达掌根，掌心向下，掌尖向前，左肘稍屈。目视左掌。（图2-26）

5. 上体右转，右掌向右后方弧形下按至腰间，掌心向下，掌尖向前；左掌向右上方举，环臂于右肩前上方，掌心向前，掌尖向右。（图2-27）

6. 接着，做右式。（图略）

❖ 图2-26

❖ 图2-27

7. 上体转正时，左掌向外、向下落，至腰侧时，与右掌一起上提至胸前，掌背相对（也可相触），掌尖向上。目视掌尖。（图2-28）

8. 放下两掌，垂于体侧。（图2-29）

图2-28

图2-29

第五式　公明伏虎

【练法】

1. 承接上式。向右转身，右脚前移半步，重心移至左腿成右虚步；右掌垂臂移至裆前，掌心向左，掌尖向下；左掌仍垂于左大腿外侧。目视右前下方。（图2-30）

2. 右脚前移，屈膝半蹲，左腿蹬伸，成右弓步；两掌向右前方撩出，高与腹平，掌心向上；左掌置于右腕内侧。（图2-31）

⊛ 图2-30

⊛ 图2-31

3. 两掌屈指握拳，左臂屈肘向左上方斜拉，左拳置于左肩前，拳眼向里，拳面向下，肘尖稍高过顶；右拳向前下方旋拧，拳面向下，拳眼向里；左脚外摆，成左弓步。目视右下方。（图2-32）

4. 接着，练习左式。（图2-33、图2-34）

❯ 图2-32

❯ 图2-33

❯ 图2-34

5. 上体转正，右脚内收，两脚开步，正身直立；两拳变掌，收抱于腰间，掌尖向前，掌心向上。（图2-35）

6. 放下两掌，垂于体侧。（图2-36）

❯ 图2-35

❯ 图2-36

六

第六式　亮翅出爪

【练法】

1. 承接上式。右掌收抱于丹田；左掌向前上方推伸，掌根平肩，掌尖向上，五指略分，肘部略屈。目视左掌。（图2-37）

2. 左掌稍微后收，向上挺腕，五指略屈，手心含劲。（图2-38）

❯ 图2-37

❯ 图2-38

3. 放下左掌，收抱于丹田；右掌向前上方推伸，掌根平肩，掌尖向上，五指略分，肘部略屈。目视右掌。（图2-39）

4. 右掌稍微后收，向上挺腕，五指略屈，手心含劲。（图2-40）

⊗ 图2-39

⊗ 图2-40

5. 两掌收抱于腰间，掌尖向前，掌心向上。目视前方。（图2-41）

6. 两掌向前推伸，掌根平肩，掌尖向上，十指略开，肘部略屈。目视前方。（图2-42）

❯ 图2-41

❯ 图2-42

7. 两掌稍微后收，向上挺腕，十指略屈，手心含劲。（图2-43）

8. 两掌收抱于腰间，掌心向上，掌尖向前；左脚稍微外开。目视前方。（图2-44）

9. 全身放松，放下两掌，垂于体侧；左脚稍收，正身直立。（图2-45）

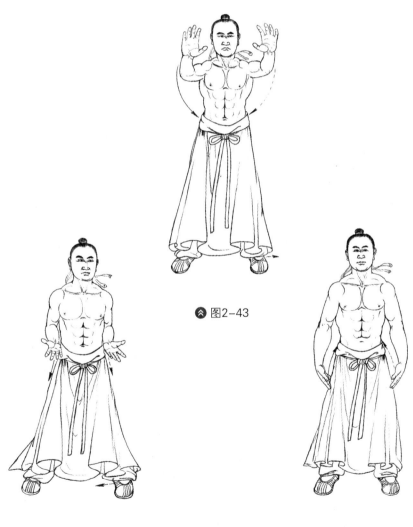

❯ 图2-43

❯ 图2-44

❯ 图2-45

第七式　脑后摘盔

【练法】

1. 承接上式。两手握拳，收于腰后，拳背贴身，右拳在上，左拳在下，右拳轮对左拳眼。（图2-46）

2. 左拳不动；右拳虚握，五指含劲，沿身体由后至前并且向左伸臂至极限。目视右拳。（图2-47）

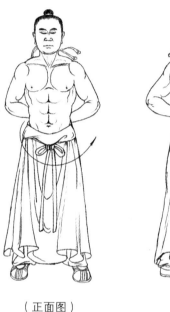

（正面图）　　　　　（背面图）

⊗ 图2-46

⊗ 图2-47

3. 随即，右拳上提，过左肩，置于脑后；身体后仰，右脚跟提起。（图2-48、图2-49）

❮ 图2-48

❮ 图2-49

4. 动作不停，右拳绕脑后向右划弧，屈肘竖臂，拳面向上，约与眉平，拳眼向里；右脚跟落地。（图2-50）

5. 右拳下收，贴于腰后，左拳在上，右拳在下，左拳轮对右拳眼。（图2-51）

⊛ 图2-50

⊛ 图2-51

6. 接练左式。（图略）

7. 两拳变掌，垂于体侧。（图2-52）

☆ 图2-52

第八式　虎爪猿步

【练法】

1. 承接上式。两掌十指交叉相握置于裆前，两臂伸直。（图2-53）

2. 两手收于胸前，手指向上，两臂屈肘，肘尖向外；左脚稍向外移，两腿屈蹲成马步。（图2-54）

3. 两脚跟提起；双腕外撑，手指里压。周身含劲。（图2-55）

❯ 图2-53

❯ 图2-54

❯ 图2-55

4. 脚跟落地；两手松开，于胸前成抱球状，掌尖斜向上。（图2-56）

5. 两掌下落至丹田，左掌心贴住右掌背，掌心斜向里；左脚内收，两脚开立，挺膝伸直。目视前方。（图2-57）

6. 松开两掌，垂于体侧。（图2-58）

❋ 图2-56

❋ 图2-57

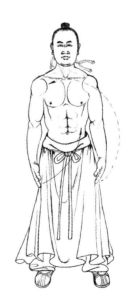

❋ 图2-58

第九式　推窗望月

【练法】

1. 承接上式。右掌上收于丹田，掌心向上，掌尖向左；左掌经外侧向上划弧，横臂置于右肩内侧，掌尖向右，掌心向下，两掌似抱球状，掌心斜向相对。（图2-59）

2. 两掌继续划弧，运"太极图"交错而过，左掌停于右腹侧，掌心向后，虎口向上；右掌置于左肩前，掌心向后，虎口向上。目视右掌。（图2-60）

图2-59

图2-60

3. 左掌翻转，下按于丹田，掌心向下，掌尖向右；右掌经额头上方向右弧形画过，向右下方抖掌下拍，约与肩平，掌心向下，掌尖向前；右脚外移，脚尖外摆，成右半马步。目视右掌。（图2-61、图2-62）

❩ 图2-61

❩ 图2-62

4. 接练左手拍掌。（图2-63至图2-65）

⊗ 图2-63

⊗ 图2-64

⊗ 图2-65

5. 左掌向上方划弧，过额前向下抱右肩膀；右掌向左上方划弧，抱住左腋后侧；左脚稍扣，两腿伸直。头向右转，目视右侧。（图2-66、图2-67）

❖ 图2-66

❖ 图2-67

6. 左肘向左后收，约与肩平，左掌置于左肩前，虎口向上；右掌向右翻掌，屈肘立于右肩外侧，掌背向前，掌尖向上，约与肩平，肘尖下垂。目视右掌。（图2-68）

7. 两脚尖外展，屈蹲成马步；两掌向左右两侧撑开，掌根平肩，掌尖向上，掌心向外。头向左转，目视左掌。（图2-69）

⊗ 图2-68

⊗ 图2-69

8. 接练向右推掌。（图2-70至图2-73）

9. 右脚内收，两腿伸直，开步站立；两掌垂于体侧。

（图2-74）

❭ 图2-70

 图2-71

❭ 图2-72

⊗ 图2-73   ⊗ 图2-74

第十式　懒虎伸腰

【练法】

1. 承接上式。上身前俯，两掌下画，两掌抱脚上拉；两腿挺膝伸直。（图2-75）

2. 两掌向前挑推，两臂伸直，掌尖斜向上，掌心向前；上身拉起，胸部前撑。仰头，目视前方。（图2-76）

3. 上身立起，两掌向内勾手，勾尖向下，两腕约与肩平。（图2-77）

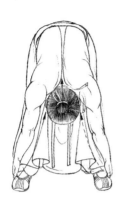

❖ 图2-75

❖ 图2-76

（正面图）

（侧面图）

❖ 图2-77

4. 两手成掌，垂于体侧。（图2-78）

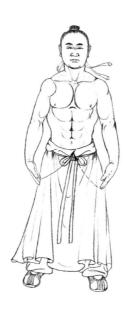

△ 图2-78

第十一式　行礼作揖

【练法】

1. 承接上式。两掌叉指，相抱于丹田，肘臂略屈。目视前方。（图2-79）

2. 两手前撩并上举至头顶上方，上体后仰。目视上方。（图2-80）

3. 左脚外移；身体前俯，两手顺势向前下划弧，向后伸至两腿之间。（图2-81）

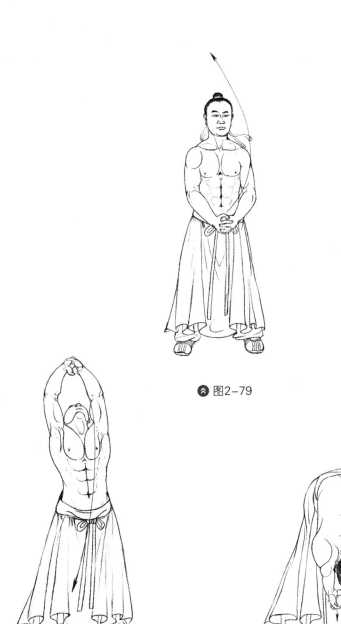

图2-79

图2-80

图2-81

4. 两手前移，随即向左右分开，两臂伸直，掌尖斜伸向外下方，掌心斜向上；上身立起，收腹挺胸。目视前方。（图2-82、图2-83）

❖ 图2-82

❖ 图2-83

5. 上身略俯，两掌向后上方划弧展臂，掌心翻转向下，掌尖向外，高与肩平；伸颌。目视前方。（图2-84）

6. 两掌向前划弧，收至胸前，左掌心按贴右掌背，两掌掌心向下，虎口向内。目视左手。（图2-85）

☆ 图2-84

☆ 图2-85

7. 两掌相贴，向前下按；上身前俯，两腿保持挺直。昂头前视。（图2-86）

8. 两掌下按于地，上身愈低愈好。（图2-87）

9. 身体立起，左脚内收，开步站立；两掌提起，置于体侧。（图2-88）

❨ 图2-86

❨ 图2-87

❨ 图2-88

第十二式　叉按舒筋

【练法】

1. 承接上式。正身直立，两掌叉指，相抱于丹田。目视前方。（图2-89）

2. 两手翻掌向上，伸臂托举于头顶上方。仰头，目视掌背。（图2-90）

⊗ 图2-89

⊗ 图2-90

3. 向下、向左俯身，两腿挺直；两掌相叉伸臂向前、向左按地于左脚之前。（图2-91）

4. 两掌划弧右移，按地于裆前。（图2-92）

5. 两掌再次划弧右移，按地于右脚之前。（图2-93）

6. 换练右式。（图略）

❯ 图2-91

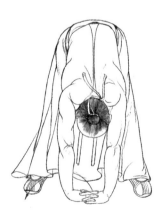

❯ 图2-92

❯ 图2-93

7. 上身仰起，身体直立；两掌翻转，上提至腹前。
（图2-94）

8. 两掌松开，垂于体侧。（图2-95）

❖ 图2-94

❖ 图2-95

第十三式　三阳开泰

【练法】

1. 左脚里收，两脚并步。（图2-96）

2. 左脚横开一步，两脚间距宽于两肩；两掌向两侧展臂上抬，高与肩平，掌心向上，掌尖向外。头向左转，目视左掌。（图2-97）

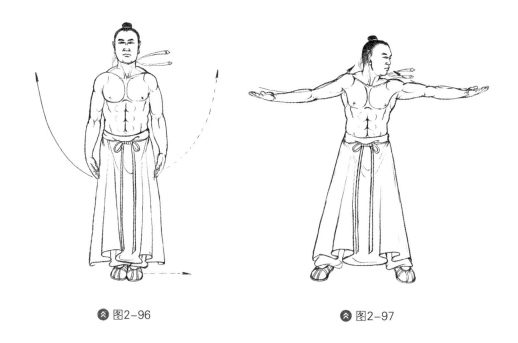

❯ 图2-96　　　　　　　　　　　　❯ 图2-97

3. 两掌内旋，直臂向前平摆，掌心向下，掌尖向前，约与肩平。目视前方。（图2-98）

4. 两腿屈膝下蹲；两掌向下按，置于腹侧，掌心向下，掌尖向前，两肘稍屈下沉。目视前下方。（图2-99）

5. 两腿伸直；两掌外旋，两臂向左右伸展，高与肩平，掌心向上，掌尖向外。头转向右，目视右掌。（图2-100）

（正面图）　　　　　　　　（侧面图）

⊗ 图2-98

⊗ 图2-99

⊗ 图2-100

6. 重心移至右腿，右膝略屈；两掌内旋，直臂向前平摆，掌心向下，掌尖向前。目视前方。（图2-101）

7. 左脚内收，两脚并步，正身站立；两掌下落，垂于体侧。（图2-102）

❀图2-101

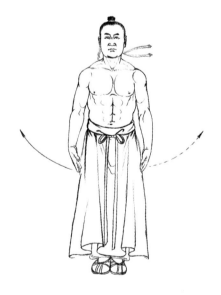

❀图2-102

第十四式　阴阳平和

【练法】

1. 承接上式。两掌外旋，两臂伸开，掌尖斜向下，上体略向左转。目视左掌。（图2-103）

2. 身体右转，重心移至右腿，右腿屈膝半蹲，左脚跟提起成左丁步；左掌下划收于右腰外侧，掌心向上，掌尖向右；右掌内翻，按于左腕之上，掌心向下，掌尖向左。目视左掌。（图2-104）

△图2-103

△图2-104

3. 身体左转，左脚向左前上步，成左弓步；两掌转腕，向左前上方划弧伸出，略高于肩，两掌尖向前。右掌在后，掌心向下；左掌在前，掌心向上。目视左掌。（图2-105）

4. 重心移至右腿，右腿屈膝半蹲，左脚尖上翘，脚跟后收，伸膝成左虚步；左掌内旋，右掌外旋，右掌上抱左掌背，环臂身前，约与肩平。目视左前方。（图2-106）

❨ 图2-105

❨ 图2-106

5. 左脚内收，两脚并步，正身站立；两掌一摩即分，右掌划弧上架于头顶上方，臂成半弧，掌尖向左，掌心向前上；左掌划弧下按于左胯旁，掌尖向右，掌心向下。目视左侧。（图2-107）

6. 左掌不动；右掌沉肘伸臂，向右前插，掌尖斜向上，约与额平。头向右转，目视右掌。（图2-108）

7. 右掌下落，与左掌一起分垂于体侧；头颈转正。目视前方。（图2-109）

8. 接练左式。（图略）

图2-107

图2-108

图2-109

第十五式　坐马展臂

【练法】

1. 承接上式。左脚横开一步，两脚间距宽于两肩，大开步站立；两掌上提，前插而出，掌尖向前，掌心向上，约与肩平。目视前方。（图2-110）

2. 两掌向内握拳，屈肘收于身前，拳轮稍贴，拳面向上，约与颌平，肘尖下垂，前臂竖起。目视两拳。（图2-111）

（正面图）　　　　　　（侧面图）

❀ 图2-110

❀ 图2-111

3. 两拳变掌内旋，对肩上穿，掌尖向上，两臂伸直，掌心向前。目视前方。（图2-112）

4. 左脚外移，身体下沉，两腿屈蹲成马步；两掌成勾，向前下方画，勾挂于胯后，勾尖向上，两臂伸直。头向左转，目视左侧。（图2-113）

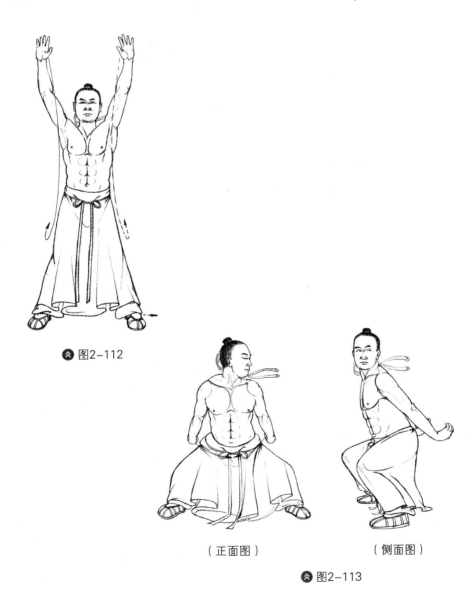

● 图2-112

（正面图）　　　　　　　（侧面图）

● 图2-113

5. 马步不变；两勾变掌，内旋至腹前，掌背相贴，掌尖向下，两臂稍屈。目视前下方。（图2-114）

6. 两腿伸膝直立；两掌随之上提至胸前，两腕接近下颌，两臂屈肘平肩。目视两手。（图2-115）

❯ 图2-114

❯ 图2-115

7. 两掌向外上转，顺势握拳，拳心相对，拳面向上，仍与颌平，两肘下垂。目视两拳。（图2-116）

8. 两拳变掌上画，向外分开并伸展，掌心向外，掌尖向上，掌根平肩，肘部稍屈。目视前方。（图2-117）

● 图2-116

● 图2-117

9. 右脚稍向外移，屈蹲成右弓步；两掌放平，掌心向下，掌尖向外，两臂伸直。目视右斜前方。（图2-118）

10. 左脚收拢，两脚并步，正身站立；两掌下落，垂于体侧。（图2-119）

11. 接做左式。（图略）

⏫ 图2-118

⏫ 图2-119

第十六式　回马开弓

【练法】

1. 承接上式。两掌握拳，收抱于腰间，拳心向上。目视前方。（图2-120）

2. 左脚向左横开一步，两脚间距宽于两肩，成大开步站立；两拳变掌，向前上方推出，掌尖向上，掌根平肩，两臂伸直。（图2-121）

△图2-120

（正面图）

（侧面图）

△图2-121

3. 身体左转，左脚外展，成左弓步；两掌握拳随转身平移至左胸前，拳面相贴，拳眼向内，两肘平肩。头向左转，目视左后方。（图2-122）

（正面图）　　　　　　　　（侧面图）

图2-122

4. 身稍左转；两拳外旋分开，左拳伸向左后方，左臂挺直，高与肩平；右拳拉至右肩之前，两拳眼均向上，左抻右拉成开弓之势。目视左拳。（图2-123）

5. 身向右转，右脚跟稍扣，使脚尖斜向右前方，继而右膝稍屈，重心右移，左腿斜伸；两拳变掌内旋，顺势平移至身前，两臂向前伸直，高与肩平，掌心向下，掌尖向前。目视前方。（图2-124）

6. 左脚收拢，两脚并步，正身站立；两掌握拳，收抱于腰间，拳心向上。（图2-125）

7. 接做右式。（图略）

（正面图）   （侧面图）

❰ 图2-123

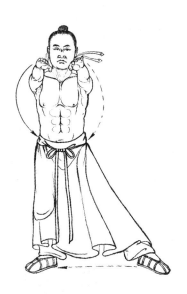

❰ 图2-124

❰ 图2-125

第十七式　海底捞月

【练法】

1. 承接上式。身体稍左转，左拳变掌向左后方斜伸而出，掌心向下，掌尖向外，高与肩平。头向左转，目视左掌。（图2-126）

2. 左掌向上、向右划弧，随身体右转，画至右前上方，掌尖斜向上，高过头顶。目视左掌。（图2-127）

❀ 图2-126

❀ 图2-127

3. 左掌内收下落，经右肩前，按至右肋侧，左掌心向下对右拳心，指尖向后；下颌内收。目视左掌。（图2-128）

4. 左掌沿身体右侧下按，经右腿外侧，按至右脚背上方，掌尖向右下；上体前俯。目视左掌。（图2-129）

⊗ 图2-128

⊗ 图2-129

　　5. 身体向左转正，左掌右画翻转，至两脚前上方，掌心向上，掌尖向右。目视左掌。（图2–130）

　　6. 左掌屈指握拳，上提至左小腿外侧，拳面向下，拳心向内，左臂仍然伸直；上身稍起。目视左拳。（图2–131）

　　7. 上身立起，左拳收抱于腰间，拳心向上。目视前方。（图2–132）

　　8. 接做右式。（图略）

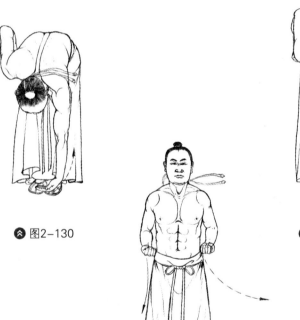

❯❯ 图2–130

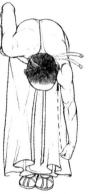

❯❯ 图2–131

❯❯ 图2–132

第十八式　青龙回首

【练法】

1. 承接上式。左脚向左横开一步，身稍右转，右腿随即屈膝半蹲，成右弓步；两拳变掌内旋，左右分撑，约与胯平，掌心斜向上，掌尖斜向外。目视前方。（图2-133）

2. 重心左移，身稍左倾，两脚尖左摆，成左弓步；两掌外旋，两腕伸开，向外分展，掌尖斜向下，掌心斜向前上。目视前方。（图2-134）

⊗ 图2-133

⊗ 图2-134

　　3. 上体左转，两掌顺势向上划弧摆起，环臂托举于两肩上方，高过头顶，掌心斜向上，掌尖斜相对。目视左后上方。（图2-135）

　　4. 身体右转，两脚尖右摆，成右弓步；两掌下沉，外旋划弧，摆伸至身前，稍向右，掌心向上，掌尖向前，两掌间距略宽于肩，高约过肩。目视前方。（图2-136）

❀图2-135

❀图2-136

5. 右脚内扣，左脚内收，并步站立；两掌握拳，收抱于腰间，拳心向上。（图2-137）

6. 两拳变掌，垂于体侧。（图2-138）

7. 接做右式。（图略）

❖ 图2-137

❖ 图2-138

第十九式　白猿献果

【练法】

1. 承接上式。重心右移，右腿稍屈；左脚跟提起，成左丁步；两手上提合掌，置于腹前，掌尖向下，虎口向前。目视前下方。（图2-139）

2. 右脚经左脚后侧向左外侧绕步，两膝下沉，臀部坐地，成坐盘步；两掌转腕上托，约至下颌分开，虎口在内，掌根相对，掌尖斜向上，如莲花开放状。目视两手。（图2-140）

图2-139

图2-140

3. 两腿渐渐用力伸直，身体渐起，右脚顺势向右开步；两掌贴住下颌向上托起，使头后仰。目视上方。（图2-141）

4. 左脚向左横开半步，右腿屈蹲成右弓步；两掌向外展臂伸开，一字平肩，掌心向下，掌尖向外。头颈落正，目视前方。（图2-142）

⊗ 图2-141

⊗ 图2-142

5. 右脚内扣，左脚内收，两脚并步，正身站立；两掌下落，垂于体侧。（图2-143）

6. 接做右式。（图略）

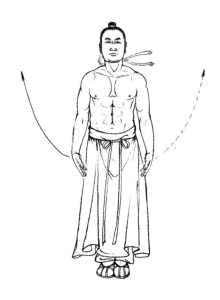

⚠ 图2-143

第二十式　仙鹤展翅

【练法】

1. 承接上式。两腿伸直，脚跟提起；两掌缓缓变勾手，分别向两侧、向上摆，两臂伸直，两腕约与肩平，勾尖向下。（图2-144）

2. 脚跟落地，两腿屈膝半蹲，膝盖靠紧，成半蹲步；两勾手变掌随沉肘弧形下按于体侧，掌心向下，掌尖向外，约与胯平。目视前方。（图2-145）

3. 两掌内收、下落，垂于体侧；随之伸腿立身。（图2-146）

❯ 图2-144

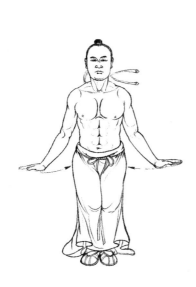

❯ 图2-145

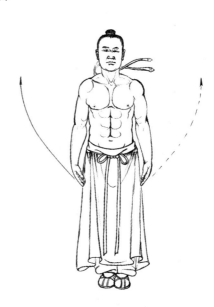

❯ 图2-146

二十一

第二十一式　雄鹰蹲松

【练法】

1. 承接上式。舒胸展体，两掌以引领，分别向两侧弧形摆起，上臂平肩，腕部、肘部略屈，掌心斜向内，掌尖向斜下。头向右转，目视右前方。（图2-147）

2. 左脚经右脚后侧向右插步；两掌沉腕，指尖撑起，约与肩平，掌心向下，掌尖向外。目视右掌。（图2-148）

⤊ 图2-147

⤊ 图2-148

3. 左脚内收，两脚并步，两腿伸直；两掌垂于体侧。
（图2-149）

4. 接做右式。（图略）

◆ 图2-149

第二十二式　仙鹤抖羽

【练法】

1. 承接上式。两掌上提，经肋部至腋前，虎口在后，掌尖向下，手心向外。目视前下方。（图2-150）

2. 两腿微屈，两脚跟提起；两掌沿肋部下画，至腹侧向外分开，弧形向上举臂至两肩上方，臂成半弧状，两掌心向上，掌尖斜相对。目视前方。（图2-151）

3. 两脚跟落地；两掌分别从两侧下落，垂于体侧。
（图2-152）

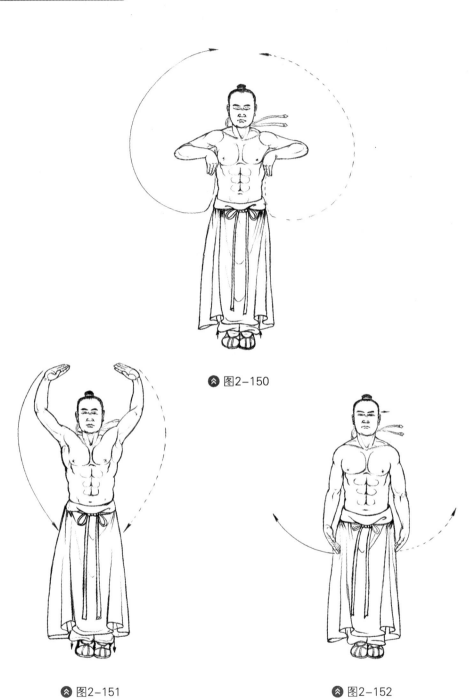

图2-150

图2-151

图2-152

第二十三式　丹凤展翅

【练法】

1. 承接上式。上体稍左转，两掌外旋，两臂向斜下方张开，掌心向上，掌尖向外，高与腰平。目视左下方。（图2–153）

2. 重心移至右腿，左脚向左前方上步，脚尖上翘，成左虚步；两掌由两侧收提至胸前（掌尖相对，掌心向上），随即向两侧推开，掌根平肩，掌尖向上，掌心向外。目视左斜前方。（图2–154）

◈ 图2–153

◈ 图2–154

3. 左脚收拢，并步正立；两掌下落，垂于体侧；头部转正。（图2-155）

4. 接做右式。（图略）

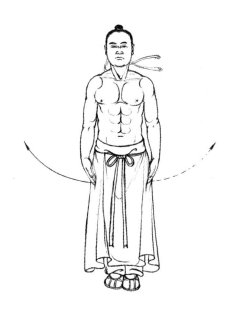

⊛ 图2-155

第二十四式　归炉炼丹

【练法】

1. 承接上式。两掌外旋，两臂向斜下方张开，掌心向斜上，掌尖向斜下，约与腰平。目视前方。（图2-156）

2. 两掌继续外旋，两臂用力挺直。（图2-157）

3. 两掌内收，抱于丹田，左掌在外；意守丹田，深呼吸6次。目视前下方。（图2-158）

图2-156

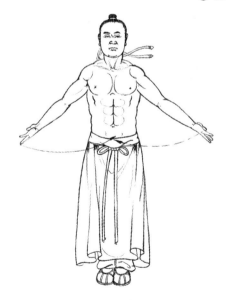

图2-157

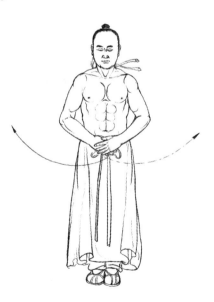

图2-158

4. 两掌外旋，两臂向斜下方张开，掌心向前，指尖向外下，约与胯平。（图2-159）

5. 放下两掌，垂于体侧；意守丹田，调匀呼吸。本功收式。（图2-160）

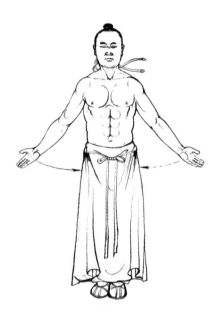

❯ 图2-159

❯ 图2-160